Lk 784.

NOTICE HISTORIQUE

SUR LA

MISSION DE BARSAC

1859

BORDEAUX
IMPRIMERIE ET LIBRAIRIE MAISON LAFARGUE :
L. CODERC, F. DEGRÉTEAU ET J. POUJOL, SUCCESSEURS
Rue Puits de Bagne-Cap, 8

1860

AVANT-PROPOS

Les évènements, les circonstances quelque peu remarquables, dans l'ordre des choses spirituelles, comme dans l'ordre des choses humaines, devraient avoir toujours leurs monuments ou leurs historiens destinés à en perpétuer le souvenir. Liés, suivant leur nature aux besoins moraux et matériels des populations, il n'est pas sans intérêt de les connaître, de les consulter, de les rapprocher les uns des autres. Leur récit ou leur consécration expliquent et rendent familières une multitude de choses qui, laissées à la seule tradition s'effacent peu à peu de la mémoire des hommes, et finissent par rester à l'état de mystère.

C'est ainsi que les écrits du temps rappelleront toujours, par exemple, et cette longue période d'années où la vigne, atteinte d'une funeste maladie, a refusé ses produits au cultivateur désespéré; et ces catastrophes mémorables de successives inondations qui ont tant affligé nos belles contrées. Ces évènements vivront dans les annales de leur époque. Pourquoi des évènements d'un ordre supérieur, parce qu'ils tiennent à des intérêts bien plus précieux et bien plus chers, n'auraient-ils pas aussi leurs narrateurs et ne vivraient-ils pas dans l'histoire d'un pays? Dès-lors, pourquoi les détails principaux d'une Mission qui ranime la foi et change l'état religieux d'une paroisse, ne resteraient-ils pas comme archives sacrées dans chaque famille, non-seulement pour en conserver le souvenir, mais encore pour en perpétuer les effets? C'est en quoi l'auteur de ces lignes a voulu être agréable aux bons habitants de la paroisse de Barsac, et faire l'historique de la Mission donnée chez eux en l'an de Grâce 1859.

Si nos devanciers nous avaient laissé un compte-rendu des Missions qui ont été données précédemment, à diverses époques, nous pourrions aujourd'hui établir des comparaisons et faire des rapprochements sur l'esprit des populations à chacune de ces époques.

Quoi donc! chaque nation, chaque province, chaque cité a son histoire: pourquoi, aujourd'hui, que les lumières sont répandues, chaque localité n'aurait-elle pas ses annales où les principaux faits seraient sommairement relatés? Cette histoire, de quelque manière qu'elle fût écrite, offrirait plus d'agrément et d'utilité aux habitants de chaque commune, que l'histoire des peuples anciens, que les lettrés seuls ont le privilége de connaître.

Quel intérêt n'auraient pas pour notre paroisse les pages déjà vieilles où seraient relatées la fondation de sa belle Église, ses anciennes richesses, les accidents qu'elle a subis, la succession de ses pasteurs, leur zèle et leur travaux apostoliques, l'institution des communautés religieuses et leurs progrès successifs, l'établissement ou la restauration des croix qui ornent son territoire, la fonte de ses cloches magnifiques [1], l'histoire de son culte, de ses usages, de ses mœurs, de ses vertus ou de sa décadence religieuse, etc., etc. ! A la place de l'ignorance de toutes ces choses que l'on regrette sans pouvoir y suppléer, chacun retrouverait dans ces pages précieuses les évènements principaux qu'il lui importerait de connaître ; et avec eux tous les charmes, toutes les jouissances qui en dériveraient pour son esprit et pour son cœur.

En déplorant ces omissions du passé, essayons de ne pas les continuer dans le présent ; et laissons à nos successeurs, à nos descendants, le récit au moins abrégé de notre belle Mission, comme un document historique cher à notre cœur, comme un monument de notre foi.

[1] Voir le Discours de M. le Maire.

NOTICE HISTORIQUE

SUR LA

MISSION DE BARSAC

1859

Les bonnes traditions religieuses sont en honneur dans la Paroisse de Barsac; heureux de les recueillir, son nouveau Curé n'en avait pas moins remarqué, dès le début de son ministère, tout ce que laissait encore à désirer, au point de vue religieux, sa chère et belle paroisse. Il avait appris, des esprits graves et judicieux, tout le mal moral apporté dans cette excellente population, par les deux révolutions de 1830 et de 1848. Aussi, n'avait-il pas tardé à concevoir le projet d'une Mission solennelle, comme le plus grand bien qu'il pût procurer, la plus sincère preuve d'affection et de dévouement qu'il pût donner à ses paroissiens; mais, il ne fallait rien précipiter. Après deux ans de combinaisons et d'expérience personnelle, il a cru le moment arrivé, et il a eu le bonheur de voir se réaliser un de ses vœux les plus chers.

Par des vues toutes particulières de la Providence, il avait fait la connaissance, mieux encore, il avait obtenu la précieuse amitié de M. Vinson, prêtre-missionnaire du diocèse de Lyon, et déjà renommé par ses travaux apostoliques et ses succès dans le diocèse de Bordeaux.

Le Pasteur avait pressenti toutes les consolations qui lui étaient réservées, du jour où il avait reçu de son digne ami la promesse de venir évangéliser son peuple, et lui prodiguer les efforts de son zèle.

Fixée au dimanche 20 novembre, l'ouverture de la Mission avait été précédée d'une neuvaine de prières indiquées par M. le Curé, pour attirer sur les travaux du Missionnaire les bénédictions du ciel. — La justice et la reconnaissance réclament ici de concert, le tribut d'hommages si bien mérités par toutes les âmes pieuses de la paroisse, qui se dévouèrent aux pratiques de la neuvaine avec une ferveur admirable. Indépendamment des prières particulières faites dans un grand nombre de familles, des exercices publics et solennels furent célébrés à l'église, et se reproduisirent aussi avec beaucoup d'édification aux différents lieux de la paroisse où se fait d'ordinaire, chaque année, le Mois de Marie. La clôture de cette neuvaine, fixée au lundi 21 novembre, fête de la Présentation de la T.-S. Vierge, réunit à la sainte communion près de cent cinquante personnes, et fut pour M. le Missionnaire, arrivé dès la veille, du plus heureux présage.

Ses prévisions ne tardèrent pas à se réaliser. — On vient de voir que la Mission avait été ouverte le dimanche 20 novembre. Dès le début, les exercices en furent suivis avec un empressement remarquable : ce qui valut aux fidèles les félicitations et les éloges de M. le Vicaire-général Gazailhan, qui était venu honorer le Missionnaire et la paroisse d'une visite bienveillante, et qui ne put retenir l'expression de son contentement et de sa joie.

Le lundi de la seconde semaine, le zélé Missionnaire ouvrit une retraite pour les enfants, qui se termina le jeudi 1er décembre, par la fête annuelle de l'Œuvre de la Sainte-Enfance. Déjà, avec cet auditoire composé des Anges de la terre, au nombre de quatre à cinq cents, la Mission avait revêtu tout son caractère de solennité et de grandeur. Le concert de ces voix innocentes, variant par de pieux cantiques les instructions du Missionnaire, donnait à ces exercices un intérêt tout particulier. Et puis, il faut le dire, avec quel charme le saint Prêtre parlait à ces jeunes intelligences ! Comme il s'identifiait à elles ! Comme il savait les captiver ! Comme il se faisait petit avec les petits ! et par là, comme il était grand !... Les journaux de l'époque racontèrent que le brave général de Tartas, passant une revue des troupes à Agen, avait dit aux gendarmes qui écartaient la foule : « Laissez, laissez-les : ce sont des compatriotes ; ils ne sont jamais trop près de moi. » C'était là un beau sentiment et un beau langage ; mais que cette scène est encore loin de celle de Jésus disant à ses disciples : « *Sinite parvulos venire ad me, et nolite prohibere eos*, laissez venir à moi ces petits enfants, et ne les éloignez pas ; car pour eux est le royaume du ciel. » Eh bien ! jamais ces paroles ne furent mieux traduites ; jamais on ne vit mieux l'Évangile en action que dans ces jours où le digne abbé Vinson apparaissait comme l'image fidèle du Sauveur au milieu des enfants de Barsac, tous joyeux, heureux, contents de le voir et de l'entendre.

A la Retraite des enfants succéda la Retraite des dames. La Mission suivait son cours ascendant, prenait de l'extension, et revêtait chaque jour un caractère plus important et plus sérieux. Se faisant tout à tous, à l'exemple du divin Maître, le bon Missionnaire avait partagé cette Retraite en deux temps, afin que chacune pût y prendre part, suivant son état et la nature de ses occupations. Dans ce but, l'exercice principal, qui avait lieu le matin, fut fixé à six heures pour la première semaine, et à neuf heures pour la seconde. Ce fut dans cette période du 5 au 17 décembre que la Mission posa ses fondements, et laissa entrevoir tout le bien qu'elle devait produire pour la sanctification et le salut des âmes. La rigueur de la saison, un froid violent, n'empêchaient pas la bonne volonté de se produire, et la faisaient au contraire ressortir davantage. A l'heure matinale indiquée, un auditoire considérable de femmes, venues pour la plupart des quartiers éloignés, se pressaient dans l'église, aux pieds de l'autel et de la chaire. C'était merveille d'y voir leur nombre et leur recueillement! Alors que l'aurore commençait à peine à relever son voile, le silence ajoutait à l'émotion qui s'emparait de toute l'assistance, et rendait ineffables ces moments de méditations où le cœur du saint Prêtre s'épanchait avec tant de zèle et de charité. Le bon Jésus sur la montagne aurait pu seul lui être préféré. Quel charme! quelle douceur filtrait comme un baume précieux dans les âmes, sous l'aimable et suave parole qui retentissait alors sous la voûte sacrée! Il y avait, dans ces pieux entretiens, quelque chose qui tenait du mystère. C'est à vous, épouses, mères de famille, maîtresses de maison, jeunes filles, c'est à vous de dire ce que vous avez acquis de vertus, de bons et généreux sentiments à cette source de grâces et de bénédictions. Heureuse la plume qui trace ces lignes, si elle pouvait y déposer pour vous, avec le souvenir de cette Retraite, un aliment à vos résolutions, et rendre permanent à vos yeux le tableau si bien peint de vos devoirs et de vos obligations!...

Ce fut aux heureux jours de la Retraite des dames, qu'eut lieu la consécration de la paroisse à la Sainte Vierge. Barsac conservera longtemps le souvenir du 13 décembre, et de a magnifique cérémonie qui le distingua entre tous les autres. Les frais d'illumination avaient été proposés aux fidèles, et telle fut l'émulation de leur générosité, qu'il fallut en arrêter l'élan. L'honneur de la fête revint aux plus empressés, et bien des regrets se traduisirent ensuite pour n'y avoir pas été admis. — Arriva donc le jour impatiemment attendu. On ne savait qu'admirer davantage, de l'immense concours réuni dans l'église, ou du recueillement de cette multitude religieusement impressionnée. Par les soins de M. le Curé, le sanctuaire avait été transformé en jardin. L'image de l'auguste Mère de Dieu y apparaissait mystérieusement dans un milieu de verdure, d'où se détachait admirablement l'or brillant de son manteau. A travers une petite forêt d'arbustes, étincelaient quatorze à quinze cents bougies, disposées en triangles, en festons, en guirlandes, en couronnes, en tableaux de toute espèce..... Ajoutez les mille cierges environ tenus à la main par chacune des femmes et des filles répandues et dispersées dans toute l'étendue de l'église, et vous aurez l'idée d'un des plus beaux et des plus touchants spectacles dont on puisse jouir sur la terre. — Involontairement, on se disait : Que le ciel est donc beau, puisqu'il est plus beau que cela ! — Au milieu de cette splendeur, tombaient sur la pieuse assemblée, avec des flots de lumières terrestres, les flots plus merveilleux encore de la lumière et de la grâce divine, qui débordaient du cœur et de la bouche inspirée du saint Missionnaire. Sa parole semblait, elle aussi, se ressentir de l'éclat de la fête, et lui emprunter encore plus de verve et de chaleur. Pendant cet acte de consécration à Marie, on oubliait la terre. La multitude, prosternée et attendrie, se croyait au ciel ; et, pour tout résumer en un seul mot, on était *heureux!* Aussi, y eut-il quelque difficulté à terminer cette cérémonie : l'illumination continuait à jeter tous ses feux; et, malgré l'heure avancée de la nuit, nul ne pouvait se résigner à quitter l'église. Lorsqu'enfin il fallut s'y résoudre, ce ne fut qu'avec peine, et en jetant à plusieurs reprises, sur le lieu d'où on s'éloignait, un regard de regret et d'amour. — Quiconque a été témoin de cette solennité religieuse, trouvera bien pâle et bien imparfaite la description que nous venons d'en faire.

La parole de saint Bernard a eu, une fois de plus, son accomplissement : la Vierge invoquée ne fut pas sourde à la prière de ses enfants. De ce jour mémorable, la Mission, déjà si belle, prit un aspect tout nouveau, et l'entrain général se dessina pour ne plus se ralentir jusqu'à la fin. — On n'oubliera pas ces conférences particulières pour les hommes, et leur masse compacte au pied de la chaire. Un sentiment unanime proclamait que jamais l'église de Barsac n'avait offert pareil spectacle. Comment, en effet, résister au plaisir d'entendre ces prédications si touchantes, si substantielles, qui triomphaient de toutes les préventions, et, malgré le démon, portaient la conviction dans les âmes? Chaque sujet était assaisonné de traits historiques toujours parfaitement choisis, et narrés avec un charme indicible qui en augmentait encore l'intérêt. En homme de jugement et d'expérience, l'abbé Vinson avait su bien vite connaître son terrain et en saisir les difficultés. L'ignorance en matière de religion d'une part, et le sensualisme de l'autre, s'étaient révélés à lui dès les premiers jours; et c'est contre ces deux grands maux qu'il dirigea tous ses efforts pour essayer de les guérir. Il fut assez notre ami pour nous dire toutes nos vérités mais sans jamais blesser personne. Il se peut qu'au sortir de ses sermons plus d'un auditeur ait dit, comme Louis XIV quand il avait entendu Massillon : « Je suis mécontent de moi-même. » Mais aucun n'a dit, assurément : « Je suis mécontent du prédicateur. » Le tact exquis avec lequel il savait adoucir et faire accepter les remèdes les plus amers, lui avait gagné toutes les sympathies. M. Vinson est le Missionnaire par excellence : on parlera longtemps de ses visites dans les divers ateliers, de ses courses évangéliques jusqu'aux villages les plus éloignés de la paroisse, des réunions qui s'y faisaient, de l'enthousiasme avec lequel il y était accueilli. Les quartiers de Janlève, de Coutet et de la Pinesse, ont acquis à ce sujet une célébrité bien méritée, et nous savons tous combien de fois le bon Missionnaire s'est plu à en témoigner sa satisfaction et sa joie.

Avec la sympathie, vint aussi la confiance : il était consolant de voir un si grand nombre de Chrétiens affluer autour du pieux confesseur, pour lui demander la grâce du pardon. Le respect humain, tant flétri et si énergiquement combattu par l'éloquent orateur, avait enfin cédé dans un grand nombre de consciences, et dès le 15 décembre, il fut aisé de comprendre quel serait le fruit de la Mission. Déjà on aperçut l'impossibilité d'admettre en une seule cérémonie toutes les personnes réconciliées à la Communion, et on résolut de faire deux Communions générales qui furent fixées, l'une à la fête de Noël, l'autre au jour de la visite de Son Éminence. — L'évènement justifia cette mesure et en démontra pleinement la sagesse.

Arriva donc cette solennité de Noël qu'il faut renoncer à décrire. Un temps affreux, une obscurité profonde avaient fait concevoir de légitimes craintes pour la messe de minuit. L'admiration n'en fut que plus grande quand, dès onze heures du soir, on vit l'église, remplie dans toutes ses parties, offrir le spectacle le plus imposant. Le grandiose devint complet, lorsqu'à l'illumination réitérée du 13 décembre, se joignirent les chants des cantiques, proférés avec enthousiasme par toute cette immense assemblée. La Religion catholique est toujours belle dans ses cérémonies, dans ses mystères et dans son culte; mais elle semble se surpasser elle-même dans cette célébration nocturne de la naissance du Sauveur. Qui pourrait tracer fidèlement le sentiment qu'inspirait à tous, l'ordre parfait, le silence profond d'une si grande multitude! La Foi et la Piété semblaient peintes sur tous les visages... Barsac était religieux!...

Au moment de la communion, M. le Curé, qui avait célébré le saint sacrifice, chercha et ne trouva point de paroles capables de traduire le bonheur qu'il éprouvait. Autant qu'on a pu en juger par son émotion, il ne se supposait plus sur la terre. Il voyait son cher troupeau presque tout réuni, dans l'attente du festin des Anges. Des gradins élevés de l'autel, ses regards attendris, et avec eux son âme plus attendrie encore, s'étendaient sur ces nombreux enfants pieux et dociles, cette fois, à la voix du père et du Pasteur. Rehaussé par l'éclat des lumières, un tel spectacle, disait-il, lui faisait illusion, et les ravissements de saint Paul ne lui paraissaient plus aussi mystérieux. Lui aussi croyait presque à l'impuissance de ses sens [1]. De là cet accent, de là ces termes expressifs et chaleureux avec lesquels il demandait le maintien, la persévérance de si belles choses. L'âme du Prêtre, encore toute imprégnée, pour parler comme lui, du sang de l'Agneau sans tache, avait passé dans ses auditeurs; et, sous l'impression d'un si pathétique

---

[1] re Épit. aux Corint., Chap. II, v. 9.

langage, commença la longue et touchante cérémonie de la Communion, qui, distribuée à deux, ne dura pas moins d'une heure, et à laquelle prirent part mille à douze cents personnes, parmi lesquelles il faut compter trois cent cinquante à quatre cents hommes. Placés dans le sanctuaire et les nefs latérales, ceux-ci communièrent les premiers; les femmes vinrent ensuite, et le bon ordre ne se démentit pas un instant. Plusieurs, assurément, furent témoins de cette cérémonie sans y participer; l'écrivain ose ici leur porter un défi, et leur dire que, tout en l'étouffant peut-être, ils n'ont pu se soustraire à un regret, ni échapper à l'impression de la grâce. Puisse du moins être là un germe qui se développe plus tard et porte ses fruits ! — Telle fut, autant qu'on peut l'exprimer, cette fête religieuse, qui a laissé au cœur de tous, des lâches comme des fidèles, de profondes et salutaires impressions.

La semaine suivante devait être plus particulièrement consacrée à la préparation des confirmants. Une retraite spéciale leur fut donnée, ce qui n'empêcha pas l'auditoire de se grossir chaque jour davantage. La Mission tirait à sa fin, et on voulait ne rien perdre de ces aimables prédications, devenues pour tous comme une nécessité de la vie.

Vint, enfin, le jour du dernier triomphe, où Barsac, toujours digne de lui-même, ne démentit aucune de ses louables traditions. Son Éminence le Cardinal-Archevêque de Bordeaux avait fait annoncer son arrivée pour le samedi 31 décembre, à la chute du jour; Elle était accompagnée de M. l'abbé Gazailhan, vicaire-général, dont la présence était une nouvelle joie, comme un nouveau bienfait, pour M. le Curé et pour M. le Missionnaire, honorés l'un et l'autre de son amitié. Barsac était transformé : sans respect pour la saison, ses murs avaient presque disparu sous la fraîche verdure des arcs-de-triomphe, des guirlandes, des festons, des couronnes et de tous genres d'ornementations. Chaque maison avait sa légende, chaque croisée ses oriflammes. La plus vive émulation avait présidé à tous ces appareils de fête..... Vers sept heures, au signal convenu parti du beffroi, la ville entière fut illuminée en un instant, et répandit au loin le plus vif éclat. Prévenue de cet hommage, Son Éminence voulut sortir et parcourir, au milieu d'une escorte nombreuse, les divers quartiers. A ce moment, les applaudissements de la foule, le son des cloches, le bruit du canon, l'enthousiasme général, tout était majestueux, saisissant, solennel ! Le Prélat vénéré daignait s'associer au bonheur de ses enfants, et paraissait en être heureux lui-même. Le vent compromettait un peu le succès des illuminations, et comme quelqu'un lui en fit la remarque d'un air contrarié : « Laissez donc, reprit » le bon Archevêque, ne le regrettez pas !... Voyez quelle » lutte pour disputer au vent sa puissance ! La bonne » volonté de ces braves gens n'en ressort que mieux. »

Le lecteur a déjà compris ce que fut pour Barsac le jour du 1er janvier 1860, sans antécédent, et peut-être sans imitateur. Où étaient l'esprit, les tendances de la population, pas n'est besoin de le dire. Bien longtemps avant l'heure indiquée pour la cérémonie du matin, chacun avait cherché à se placer dans l'église, et y avait plus ou moins bien réussi. Pour la première fois, cette vaste enceinte se trouva insuffisante ; la grande nef était déjà presque entièrement occupée par les confirmants, au nombre de trois cents environ. Au coup de huit heures, le clergé partit processionnellement de l'église, suivi de M. le Maire, du Conseil municipal, du Conseil de fabrique, de la Conférence de Saint-Vincent-de-Paul, et des notables de la paroisse. Le cortége se rendit à l'hôtel de M. le comte de Bastar, où Son Éminence avait reçu une hospitalité également digne de celui qui l'offrait et de celui à qui elle était offerte. Là, Son Éminence fut officiellement reçue par le Corps municipal, sous la présidence de M. le Maire. L'écrivain ne tentera pas de louer ici le discours plein de tact et d'à-propos du premier Magistrat de la commune; il lui rendra meilleur éloge en procurant au lecteur le plaisir d'en juger par lui-même.

Après une réponse noble et affectueuse où M. le comte de Bastar trouva le juste tribut d'hommages qui lui revenait à tous les titres, et que lui paya Monseigneur, avec ce bonheur d'expressions qui ne se rend pas, la procession reprit la direction de l'église, où le pieux Archevêque avait peine à arriver, tant il rencontrait d'obstacles dans les témoignages de vénération que lui prodiguaient surtout les mères, offrant leurs petits enfants aux bénédictions du Pontife!...

Les cérémonies d'usage accomplies pour la réception religieuse de Son Éminence, M. le Curé lui adressa à son tour une allocution où il remercia le Prince de l'Église, au nom de sa Paroisse, de l'honneur qu'il lui faisait en choisissant, pour la visiter, un jour aussi beau et aussi solennel. Monseigneur répondit plus encore avec le cœur qu'avec la voix, et donna à son peuple de Barsac les témoignages d'une précieuse affection, dans les conseils de sagesse et de vertu, bien préférables à toutes les étrennes et à tous les vœux stériles usités dans le monde.

La Messe Pontificale fut aussitôt célébrée, et la Communion distribuée à ceux qui n'avaient pu y participer la nuit de Noël, ou qui s'étaient réservés pour baiser en même temps l'anneau pontifical. Le nombre total des communiants attirés par la Mission offrit alors le chiffre de mille cinq cents.

Après la Grand-Messe et les divers chants exécutés, comme toujours, avec goût et précision, par le chœur des chanteuses, Son Éminence procéda à l'administration du sacrement de la Confirmation, au milieu d'un recueillement et d'une piété alimentée encore par l'harmonie des cantiques, à laquelle prenait part l'assemblée tout entière. Cette cérémonie terminée, Monseigneur fut solennellement conduit au Presbytère, où le suivirent les membres de la Conférence de Saint-Vincent-de-Paul, précédés de leur honorable Président, qui voulut aussi témoigner à Son Éminence des sentiments de ses collègues, dans un discours doué d'un cachet et d'un charme particulier, qui prouve qu'il n'est pas toujours nécessaire d'être lettré pour être éloquent.

Dans l'intervalle qui s'écoula jusqu'à l'heure des Vêpres, Monseigneur alla visiter les deux maisons de Frères et de Sœurs établies dans la paroisse. Le bon Archevêque était là dans son milieu privilégié, entouré de jeunes enfants qu'il appelle toujours avec tant d'amour : *Gaudium meum et corona mea*. Du cœur et du front du Prélat, ce sentiment rayonnait sur celui des enfants comme un beau reflet, et alors, mieux encore peut-être que nous ne l'avons dit ailleurs, se peignait en action la scène si touchante de l'Évangile : *Sinite Parvulos venire ad me*. Là, d'innocentes voix, pures comme les cœurs qui les animaient, exhalèrent encore, à l'adresse du Pontife, le parfum de leurs compliments, de leurs félicitations et de leurs vœux. Ceux-ci seront les mieux exaucés : c'était la prière des enfants. Après sa bénédiction, Monseigneur offrit aux petites filles des Sœurs, des dragées en abondance ; et toutes, poussant des cris de joie, levèrent leurs petites mains vers le ciel, pour recevoir cette manne nouvelle.

Toute la solennité du matin se reproduisit à l'Office du soir. Commencées vers trois heures, les Vêpres furent chantées avec le même concours, les mêmes marques de foi et de piété. Chacun portait un regard heureux sur ce trône où resplendissait l'image de la Majesté divine, et qui donnait à la belle église de Barsac une pompe remarquable. Le moment venu, tous ces regards se dirigèrent vers la chaire. Là, le bonheur fut altéré par la pensée que le bon Missionnaire y apparaissait pour la dernière fois. On ne se faisait pas à l'idée de ne plus le voir, de ne plus l'entendre, de ne plus lui parler. On l'aimait, c'est tout dire; et M. le Curé avait bien mérité de ses paroissiens lorsque, le matin, il s'était si bien fait l'interprète de leurs sentiments, et l'avait proclamé l'ami de Barsac, en lui payant, en leur nom, le tribut de la plus sincère reconnaissance. A qui peut-on, en effet, devoir davantage qu'à celui qui nous a ouvert le chemin du ciel! La modestie de M. Vinson se hâta, bien trop tôt pour ses nombreux obligés, de le soustraire aux marques d'affection qu'on s'était promis de lui donner, après ses laborieux travaux. Le lendemain, on le demandait, on le cherchait... Il était parti!...

L'office des Vêpres terminé, Son Éminence fut reconduite avec le même cérémonial que le matin. Après quelques paroles toujours bonnes et affectueuses pour tous ceux qui l'approchaient, l'heure de son départ arriva, et, au milieu de la foule électrisée qui assiégeait jusqu'à une grande distance les abords du presbytère, Elle s'éloigna aux cris mille fois répétés de : *Vive Monseigneur!* qui furent comme le bouquet de toutes les scènes émouvantes qui avaient partagé cette belle et heureuse journée.

Ainsi fut clôturée la Mission de Barsac, qui laissera après elle de longs et touchants souvenirs. — Qui dira le bonheur de chaque famille, de retour au foyer domestique ! Il n'y a pas comme les choses de la Religion pour rendre heureux, même dès cette vie; Barsac ne l'oubliera pas. Fidèle à la devise française : *Noblesse oblige*, Barsac aimera désormais à justifier son blason religieux conquis en 1859, et dont nous venons de contempler l'émail et le brillant.

CONCLUSION.

Lecteur, qui parcourrez ces lignes et qui, encore infidèle au Seigneur, n'avez pas connu le temps de sa visite, c'est surtout pour vous qu'elles ont été tracées. Puissent du moins, au moment choisi par la divine Bonté, tant de précieux souvenirs se réveiller au fond de votre cœur, pour y produire des sentiments de foi, de confiance et de retour à Dieu. Puissiez-vous ne pas oublier, et même réfléchir quelquefois à ces paroles de l'Évangile : « Soyez » prêt, et tenez-vous sur vos gardes;... *car vous ne sa-* » *vez ni le jour ni l'heure...* de votre mort ! » Peut-être ces mots vous rappelleront-ils que Dieu lui-même a parlé devant vous, épuisant ainsi à votre égard les moyens de salut, et comblant, par de solennels avertissements, la mesure de ses miséricordes. La Mission et les évènements qui l'ont suivie resteront donc dans toutes les mémoires, comme un levier puissant pour élancer tous les cœurs vers le ciel. C'est le but que s'est proposé l'auteur de cet écrit; et si on l'accuse de témérité, il faudra lui pardonner en vertu de l'intention. Si, au contraire, ces quelques pages ont le bonheur de trouver bon et favorable accueil auprès du lecteur bienveillant, elles expriment, en terminant, le vœu d'être marquées du sceau de la charité, et disent merci par avance à tous ceux qui voudront bien, en retour, faire une offrande quelconque à la Conférence de Saint-Vincent-de-Paul, établie dans la paroisse de Barsac, en faveur des pauvres.

Discours de M. le Maire de Barsac.

ÉMINENCE,

Je viens, comme autrefois, dans vos visites pastorales, vous offrir, avec mon Conseil municipal et les notables de la paroisse, l'hommage de notre respect et de notre reconnaissance.

Monseigneur, il y a longtemps que je jouis de cet heureux privilége; j'en conserve un religieux souvenir et pour ce qui m'est personnel et pour ce qui regarde nos paroissiens.

Pour moi, Monseigneur, d'incessantes bontés;

Pour la paroisse, nous vous devons les Frères, les Sœurs, nos cloches....

Et puis, nous nous ressouvenons avec bonheur que, pour accomplir ces choses, il vous a fallu deviner un saint prêtre, qui est mort à l'œuvre, comblé des preuves de votre délicate affection.

Aujourd'hui encore, Monseigneur, moi qui observe avec admiration tout ce que vous faites pour y puiser des enseignements utiles, je vous retrouve dans les choses qui paraissent petites à la hauteur de vos grandes pensées.

Vous êtes venu vous loger dans la maison qui fut le berceau d'une sainte fille qui se voua au service de Dieu.

Dans de mauvais jours, elle tomba en des mains profanes, et maintenant elle appartient à un homme, noble de race et de cœur, qui a rendu à sa demeure toutes les vertus qui en firent jadis l'ornement.

Votre présence ici, Monseigneur, glorifie donc trois de nos bonnes pensées :

Souvenir respectueux pour Mlle de Lamouroux;

Réhabilitation de la maison où elle naquit;

Reconnaissance au nouveau propriétaire pour tout le bien qu'il fait aux pauvres.

J'ai parlé du saint prêtre qui fut votre premier interprète dans cette paroisse, Monseigneur. Depuis, vous nous en avez donné qui ont été tous dignes de lui succéder.

M. Brulatour, pour qui mon amitié est grande et entière, vous a parfaitement compris, Monseigneur.

Il ne restera pas en arrière de ses devanciers.

Par son concours, notre presbytère, qui était une ruine, peut être cité aujourd'hui comme un des plus convenables.

Avant lui, les finances de notre fabrique étaient dans un état déplorable; avant peu, elles seront florissantes.

Pour ce qui est plus important, — le résultat de son saint ministère, — vous verrez aujourd'hui, Monseigneur, ce qu'il a pu accomplir avec l'aide d'un pieux et très-zélé Missionnaire.

J'ai dit le passé, Monseigneur.

Le présent nous comble de joie, et nous vous en remercions du fond du cœur.

Vous venez commencer l'année avec nous ; vous allez demander au Seigneur qu'il nous comble de ses grâces, pour le salut de nos âmes et le bien de nos récoltes, et vous serez exaucé, nous l'espérons, Eminence; et, en retour, dans notre indignité, nous prierons Dieu, avec ferveur, qu'il vous accorde de longs jours, exempts de soucis et d'amertumes.

(17)

Discours de M. le Curé de Barsac.

Éminence,

Vos enfants de Barsac accourent aujourd'hui nombreux pour lire sur votre front, comme dans une page vivante, ces mots de l'Évangile : *Ecce Rex tuus venit tibi mansuetus*. Tous veulent contempler dans les travaux, le zèle et les vertus de Votre Éminence, l'image fidèle du bon Sauveur, et retrouver sous vos pas bienveillants cette autre parole du saint livre : *Transiit benè faciendo*. C'est à ma voix qu'est confiée l'expression de ces sentiments unanimes, et je suis heureux, Monseigneur, d'être de plus ici l'interprète de la reconnaissance qu'inspire à tout Barsac, la faveur dont Votre Éminence l'honore en ce beau jour. L'arrivée de Votre Éminence satisfait parmi nous de légitimes impatiences, et met fin à bien des désirs ; mais nous n'eussions pas osé prétendre au privilége de mêler à nos témoignages de vénération et d'amour, les vœux que nous dicte la solennité de ce jour, et que nous sommes si heureux d'adresser au ciel pour le bonheur de Votre Éminence.

Tout ce que la ville de Bordeaux renferme d'illustrations religieuses, civiles et militaires, envient aujourd'hui notre prérogative et notre joie.... Eh bien! puisque l'honneur et la consolation qu'ils regrettent, nous sont si flatteusement dévolues, nous osons dire, Monseigneur, que si les témoignages de profond respect et de filial dévouement vous eussent été exprimés avec plus d'éloquence dans votre Métropole, ils ne l'eussent pas été du moins avec plus de sincérité. D'autres auraient su mieux dire, mais non pas mieux sentir. Nos cœurs à cet endroit osent défier tous les cœurs. Soyez béni, Monseigneur, d'avoir ainsi voulu recueillir de notre faible et imparfaite voix les hommages de tout votre diocèse, que nous sommes si heureux et si fiers de représenter en ce jour!... Mieux encore, Éminence! c'est toute l'Église de

France dont il nous semble porter ici les sentiments et les vœux aux pieds d'un de ses Prélats dont elle s'honore et se glorifie le plus. Honneur insigne!... belle et illustre tâche! dont nous sentons tout le prix. Plus elle dépasse notre insuffisance, plus nous sommes glorieux de la remplir, plus nous vous sommes reconnaissants, Monseigneur, de nous l'avoir imposée.

Dieu nous exaucera, et, longtemps encore, le diocèse de Bordeaux verra ce prodige de dévouement et de zèle, cet amour des âmes qui transporte son Archevêque d'une limite à l'autre, et qui ne trouve peut-être d'égal que dans les actes des Apôtres. De longues années s'écouleront encore, durant lesquelles nos villes et nos campagnes admireront et béniront vos bienfaits. Daignez, Éminence, conserver souvenir de ces vœux reçus à Barsac, comme gage de notre amour, et que réclament à tant de titres vos bontés pour nous. Il nous semble ne pouvoir répéter avec une plus juste application ces paroles que chantait naguère l'Église : *Sic nos amantem quis non redamaret?*

Pour preuve de cette réciprocité d'amour, nous voulons, Monseigneur, épancher dans votre cœur nos joies et nos consolations. Nous voulons vous dire que le plus grand nombre, parmi nous, a justifié vos espérances, et que la parole de saint Paul aux Romains, citée par vous-même, ne fut jamais plus vraie : *Veniens ad vos in abundantiâ benedictionis Evangelii Christi veniam.* Il a fallu, Monseigneur, diviser l'attendrissant spectacle de la Communion générale dans cette église; et Votre Éminence ne verra aujourd'hui qu'une portion de ces nombreux fidèles qui ont répondu à l'appel de ses Lettres pastorales.... Il fallait voir nos solennités de Noël!.... C'était merveille! Un sentiment unanime les proclamait les plus belles dont on ait conservé le souvenir. La vieille foi de nos pères, comme le dit si bien une de vos Lettres pastorales, semble avoir pris, sous l'influence de la Mission, un nouvel accroissement.

En nous félicitant d'un si heureux succès, Monseigneur, et en en rendant témoignage à Votre Éminence, il ne sera pas difficile d'en assigner la cause : il sera plus difficile de lui payer dignement le tribut de notre reconnaissance. Nous avons vu depuis six semaines l'image de la vertu de Dieu révélée par ses prodiges, *Digitus Dei est hic...* [1] Là aussi se retrouve la touche savante et habile de l'apôtre que vous nous avez envoyé. Ah! sous quel charme nous captivait sa parole! Et quel vide va se produire au milieu de nous! Il nous manquera quelque chose!... Dans cette autre personnification du dévouement et de l'amour des âmes, chacun se plaît aujourd'hui à nommer l'ami de Barsac, où sa mémoire restera bénie et impérissable comme ses bienfaits. Aussi, qu'ai-je dit tout-à-l'heure, Monseigneur? Non! le merveilleux n'est pas dans les fruits obtenus; il est bien plutôt dans les regrets qui nous restent encore, et qui ne s'expliquent pas, en présence de tant de dévouement et de tant de zèle... J'en atteste ici tous les cœurs chrétiens : un homme encore irréligieux ou indifférent sous la parole de M. Vinson!... c'est un mystère!

Qu'il serait doux, Monseigneur, pour votre cœur et pour le nôtre, de vous dire qu'aucune exception n'en a altéré le bonheur; et que le bon exemple est venu de partout où on avait droit de l'attendre!... Que ne puis-je vous interdire ici le reproche du Sauveur : *Et vos mundi estis, sed non omnes!* Cet hommage si consolant, la vérité, hélas! nous le défend et nous condamne à de profonds et légitimes regrets. Grand nombre, en effet, sont dignes aujourd'hui de vous être présentés comme enfants soumis et dociles.... mais pas tous!.... Éminence! la confusion couvre ici mon visage et l'amertume me serre le cœur, en pensant à plusieurs de mes bien-aimés paroissiens, que Barsac honore et estime à plus d'un titre, mais à qui la Religion n'a pu faire accepter ses espérances et ses consolations.

Puisse, Éminence, votre auguste présence achever au milieu de nous ce qui reste encore à désirer! Puisse de votre personne, comme autrefois de celle du Sauveur, sortir cette vertu irrésistible qui porte la guérison dans les âmes malades, qui ramène nos frères encore éloignés de Dieu, et soit pour nous tous le gage des plus abondantes bénédictions!....

[1] Exod., Chap. VIII, v. 19.

Discours de M. le Président de la Conférence de Saint-Vincent-de-Paul.

ÉMINENCE,

Puisque la Conférence de Saint-Vincent-de-Paul établie dans cette Paroisse a l'honneur d'avoir, ce jour, la présidence de Votre Grandeur, ayez la charité, avant de vous éloigner d'elle, de lui donner votre bénédiction. Oui, Monseigneur, elle sera, pour la Conférence que j'ai l'honneur de représenter, un gage de vos paternelles bontés, que vous ne cessez de témoigner à cette sublime institution. Souvenez-vous, Éminence, que vous n'avez pas craint de parcourir un sable brûlant et une lande aride, pour accompagner un mille environ de confrères accourus de plusieurs endroits de la circonscription de Bordeaux, au berceau vénéré de notre saint Patron. Là, Monseigneur, assisté de deux vénérables Évêques, vous nous avez exhortés, vous nous avez bénis; plus que cela, Monseigneur, vous nous avez distribué le corps adorable de N.-S. Jésus-Christ.

En ce jour solennel où Votre Éminence daigne visiter la Paroisse de Barsac, et venir y administrer le Sacrement des sept dons du Saint-Esprit, la même charité nous a été donnée qu'au vénéré sanctuaire de Buglose. A Barsac, Monseigneur, la Conférence a reçu ce matin, de vos mains sacrées, ce même Jésus. Heureuse Conférence! heureuse Paroisse! si tu reconnais en ce jour ce qui t'est donné! Oui, Monseigneur, la Conférence et la Paroisse entière se rappelleront de la clôture de la Mission de 1859, où Votre Éminence a daigné les visiter et les bénir.

En nous bénissant, Monseigneur, bénissez ce bon Missionnaire qui a tant pris de peine! bénissez ce bon Pasteur!

bénissez son cher collaborateur, qui tous deux aussi, ont partagé toute la sollicitude de ce bon et vénéré Missionnaire; qui n'ont craint de se lever de bonne heure et se coucher tard; d'aller prêcher de hameau en hameau; de parcourir les chantiers et ateliers; de frapper à toutes les portes, partout où ils savaient des brebis égarées.

A genoux, Monseigneur, nous attendons vos mains levées sur nos têtes pour recevoir la promesse de Jésus-Christ, lorsqu'il a dit à ses Apôtres : « Tout ce que vous délierez sur la terre sera délié dans le ciel. » — Amen.

Bordeaux.— Imprimerie de F. Degréteau et Ce.

www.ingramcontent.com/pod-product-compliance
Lightning Source LLC
Chambersburg PA
CBHW060722050426
42451CB00010B/1577